El Discurso de Gettysburg

DAVID y PATRICIA ARMENTROUT

DOCUMENTOS QUE FORMARON LA NACIÓN

Rourke
Publishing LLC
Vero Beach, Florida 32964

www.rourkepublishing.com

PHOTO CREDITS: Cover Scene and pg 33 © North Wind Picture Archives Pages 36 and 37 © James P. Rowan. Title Page © PhotoDisc, Inc. Page 15 Courtesy of the Department of the Interior. Page 19 Courtesy of the National Park Service. All other images from the Library of Congress

Página del título: *Cañones en el Parque Militar Nacional de Gettysburg*

Editor: Frank Sloan

Cover and page design by Nicola Stratford

Library of Congress Cataloging-in-Publication Data

Armentrout, David, 1962-
  [Gettysburg address. Spanish]
  El discurso de Gettysburg / David y Patricia Armentrout.
    p. cm. -- (Documentos que formaron la nación)
  Includes bibliographical references and index.
  ISBN 1-59515-712-3 (paperback)
  1. Lincoln, Abraham, 1809-1865. Gettysburg address--Juvenile literature. 2. United States--History--Civil War, 1861-1865--Juvenile literature. I. Armentrout, Patricia, 1960- II. Lincoln, Abraham, 1809-1865. Gettysburg address. Spanish. III. Title.
  E475.55.A75518 2006
  973.7'349--dc22
                                   2005022654

Impreso en los Estados Unidos
CG

TABLA DE CONTENIDOS

EL DISCURSO DE GETTYSBURG

El 19 de noviembre de 1863, el Presidente Lincoln se sentó en un estrado decorado en rojo, blanco y azul, esperando su turno para hablar. Estaba con una multitud de miles de personas que habían acudido a la inauguración de un nuevo cementerio nacional. El lugar era Gettysburg, Pensilvania, donde cuatro meses antes se había librado una batalla brutal.

El presidente Lincoln tenía muchas cosas en su mente. La nación se encontraba en medio de una guerra civil. Sin embargo, el presidente había hecho tiempo entre sus deberes en Washington, D.C. para escribir y reescribir un discurso que nunca sería olvidado. Otros hablaron ese día, algunos durante bastante tiempo, pero el discurso del presidente, conocido como el Discurso de Gettysburg fue corto y directo.

Una fotografía de 1863 del Presidente Abraham Lincoln

Buena parte de la discusión tenía que ver con la esclavitud en Norteamérica.

Desde que la colonia de Jamestown se asentara en el siglo XVII hasta el período anterior a la Guerra Civil en el

XIX, Estados Unidos había experimentado una gran expansión. El tamaño de Estados Unidos se había duplicado con la compra de Louisiana. El canal Erie proporcionaba transportación fluvial desde la ciudad de Nueva York hasta los Grandes Lagos. Millones de europeos **emigraban** a Norteamérica. Muchos de ellos se asentaron en el Norte, donde las ciudades, fábricas y otros negocios se extendían junto a los ferrocarriles en expansión. El país en su totalidad disfrutaba de una economía floreciente.

Un barco lleno de personas esperando zarpar hacia América.

Una plantación de algodón junto al río Mississippi.

En el Sur el gran negocio era la **agricultura**. La vida de los sureños giraba alrededor de sus cosechas, que crecían todo el año, gracias al clima cálido. Los dueños de las **plantaciones** tenían esclavos que trabajaban la tierra. Plantaban y cosechaban cultivos tales como arroz, caña de azúcar, tabaco y algodón.

Los primeros esclavos en Norteamérica fueron en realidad sirvientes por contrato: personas que eran contratadas para trabajar por un período específico de tiempo sin paga a cambio de un pasaje gratis a otro país. Muchos eran ingleses blancos pobres que buscaban una vida mejor en América.

ESCLAVITUD EN AMÉRICA

En 1619, un barco mercante holandés cargado de esclavos africanos atracó en Jamestown. Allí los africanos fueron cambiados por comida y el comercio de esclavos comenzó en Norteamérica. La esclavitud trajo un incremento de la producción de las cosechas en el Sur y por tanto un incremento de las exportaciones.

Se promulgaron muchas leyes esclavistas en el siglo XVII. Por ejemplo, en 1641 la colonia de Massachusetts legalizó la esclavitud.

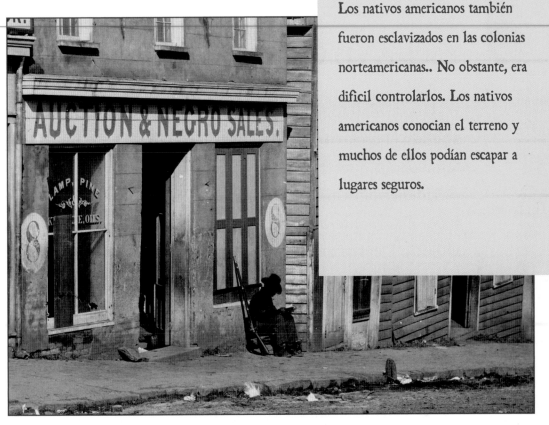

Los nativos americanos también
fueron esclavizados en las colonias
norteamericanas.. No obstante, era
difícil controlarlos. Los nativos
americanos conocían el terreno y
muchos de ellos podían escapar a
lugares seguros.

Una casa de subastas de esclavos en Atlanta en 1864

Esto significa que los africanos ya no eran sirvientes bajo contrato sino esclavos, o sea, propiedad legal de sus dueños. Al año siguiente la colonia de Virginia impusó multas a todo aquel que ayudara a los esclavos a escapar. Para 1790 la esclavitud era legal en todos los estados. De acuerdo con el primer **censo** de Estados Unidos había 757,000 negros en Estados Unidos y sólo el 9 por ciento era libre. Más del 50 por ciento de los esclavos vivía en Virginia y Maryland.

Esclavos del general rebelde Thomas Drayton en
Hilton Head, Carolina del Sur.

ESCLAVITUD Y POLÍTICA

Hacia 1850 todos los estados al norte de Maryland habían **abolido** la esclavitud y eran considerados estados libres. El tema de los derechos y la esclavitud se convirtió en una pesadilla política. Muchos norteños presionaban al gobierno federal para que prohibiera la esclavitud en todo Estados Unidos. Decían que "todos los hombres son creados iguales" justo como estaba escrito en la Declaración de Independencia.

ESTATE SALE!
BY ORDER OF EXECUTOR.

By LOUIS D. DeSAUSSURE.

On Wednesday, 19th Inst.

AT 11 O'CLOCK, A. M. WILL BE SOLD IN

CHARLESTON, SO. CAROLINA,

AT

MESSRS. RYAN & SON'S MART,

IN CHALMERS STREET,

By order of the Executor of the late Mr. and Mrs. WM. BARNWELL,

A PRIME GANG OF

67 NEGROES,

Accustomed to the Culture of Sea Island Cotton and Provisions,

IN BEAUFORT DISTRICT. Amongst whom are several

HOUSE SERVANTS.

CONDITIONS.—One-third Cash; balance by Bond, bearing interest from day of sale, payable in two equal Annual Instalments, to be secured by a Mortgage of the Negroes, and approved Personal Security. Purchasers to pay for papers.

Cabañas de esclavos en Savannah, Georgia

El tema de la esclavitud se fue poniendo candente. Ciudadanos pro-esclavistas de Missouri cruzaron las fronteras estatales y mataron a los que eran anti-esclavistas en Kansas.

La esclavitud ayudó a los dueños de las plantaciones sureñas a hacerse ricos. Los sureños argumentaban que los esclavos eran su propiedad y que la Constitución protegía los derechos del ciudadano a la propiedad. Los representantes de esos estados debatían con el gobierno federal diciendo que si el gobierno de Estados Unidos aprobaba leyes para abolir la esclavitud su forma de vida cambiaría para siempre.

Anuncio de una venta de esclavos

SECESIÓN

Las elecciones presidenciales de 1860 giraron en torno al tema de la esclavitud. Los candidatos fueron forzados a tomar partido. Lincoln era el candidato del Partido Republicano. Los republicanos se oponían a la esclavitud en todos los nuevos territorios. Sin embargo, los sureños temían que sus derechos a conservar sus esclavos fueran eliminados y por tanto amenazaron con la **secesión**.

Un retrato de Abraham Lincoln a finales de 1850

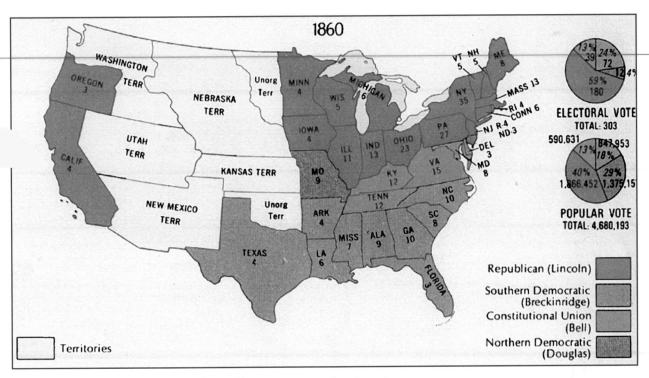

*Un mapa político de 1860 que muestra la victoria
electoral de Abraham Lincoln*

Lincoln, por supuesto, ganó la elección. Él trató de
convencer al Sur de que no aboliría la esclavitud, pero los
sureños sentían que ya no tenían una representación fuerte
en el gobierno. El 20 de diciembre de 1860, Carolina del
Sur se separó de la Unión. Más
tarde, Mississippi, Florida, Alabama,
Georgia, Louisiana y Texas lo
imitaron.

Los sureños que organizaban
campañas para separarse de la Unión
eran llamados los come-fuegos.

COMIENZA LA GUERRA CIVIL

En febrero de 1861, los estados que se habían separado formaron una nueva nación llamada la Confederación de Estados de América y nombraron a Jefferson Davis su presidente temporal. El 4 de marzo Abraham Lincoln tomó juramento como décimosexto presidente de Estados Unidos.

Mientras tanto la Unión pensaba qué era lo mejor para proteger sus propiedades en el Sur. El mayor Robert Anderson llevó 90 soldados a Fort Sumter, una pequeña fortificación en una isla de la bahía de Charleston. El Sur también envió fuerzas y, bajo el mando del general Pierre Gustave Toutant Beauregard, rodearon el fuerte con cañones.

Fort Sumter bajo el fuego de los confederados

El 11 de abril el general Beauregard exigió al mayor Anderson que se rindiera pero Anderson se negó. El 12 de abril a las 4:30 a.m. las tropas dirigidas por el general Beauregard abrieron fuego contra Fort Sumter y la Guerra Civil Americana comenzó.

El mayor Anderson y sus tropas mantuvieron Fort Sumter por meses antes de rendirse al general Beauregard.

El cañoneo de las armas confederadas sobre Fort Sumter duró un día y medio. Asombrosamente, no hubo muertes causadas por los disparos. Sin embargo, durante la ceremonia formal de rendición un **artillero** de la Unión murió cuando un cañón hizo fuego antes de tiempo durante un saludo.

El 14 de abril, el mayor Anderson y sus tropas entregaron el fuerte y fueron enviados en barcos a Nueva York.

Soldados de la Unión defendiendo Fort Sumter

Fort Sumter se inauguró
como Monumento Nacional
en 1948. La fortificación de
cinco lados fue construida en
un lecho de roca, arena y
conchas. Los muros son de
alrededor de 5 pies (1,5 m) de
espesor y todavía muestran
el daño causado por las balas
de los cañones de la
Confederación.

UNA GUERRA TERRIBLE

Después de la batalla de Fort Sumter, la guerra entre el Norte y el Sur había comenzado oficialmente. El presidente Lincoln llamó a miles de soldados para incorporarse a su Ejército de la Unión.

Las grandes batallas entre las fuerzas de la Unión y de la Confederación continuaron, pero ninguna de las partes parecía estar ganando la guerra.

Fue una época terrible. Los soldados sufrían por falta de comida y por deshidratación. Miles de hombres murieron durante los primeros dos años, muchos de ellos de enfermedades que no pudieron ser atendidas adecuadamente.

En aquel entonces habían 11 estados confederados y cuatro estados fronterizos. Los estados fronterizos —Missouri, Maryland y Delaware— eran estados esclavistas pero todavía leales a la Unión. Una de las razones por las que Lincoln no liberó a los esclavos era porque temía que los estados fronterizos se separaran. Él necesitaba soldados y apoyo de los estados fronterizos para el Ejército de la Unión.

El gobierno había hecho un censo antes del comienzo de la Guerra Civil. Éste mostraba que había más de 4 millones de negros esclavos.

El General Ulysses S. Grant dirige una carga contra los soldados rebeldes en la batalla de Pittsburgh, Tennessee.

SOLDADOS NEGROS Y ESCLAVOS LIBRES

Antes de la guerra, el Congreso de Estados Unidos no permitía a los negros libres ni a los esclavos fugados unirse al Ejército de la Unión.

Pero algo cambiaría la Unión para siempre. El presidente Lincoln decidió que liberar a los esclavos del Sur era lo mejor para los intereses de la Unión. Tenía la esperanza de que después de liberar los esclavos, estos se dirigirían hacia el Norte y se unirían a las fuerzas de la Unión. El presidente tenía razón. Hizo un anuncio formal

el 1ro de enero de 1863 donde liberaba a los esclavos en los estados controlados por los confederados. Este anuncio fue la famosa **Proclama de Emancipación** de Lincoln. Después de la emancipación formal de los esclavos, miles de negros respondieron al llamado a las armas.

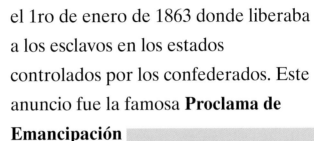

Cuando los esclavos se enteraron de su libertad (los dueños no se lo dijeron), escaparon al norte. Los norteños estaban divididos sobre la ley de emancipación de Lincoln. Algunos se alegraban de que sus fuerzas se incrementaran, mientras otros detestaban la idea de estar peleando en una guerra por abolir la esclavitud en lugar de una guerra para salvar la Unión.

Esta fotografía de la colección de la Guerra Civil de la Biblioteca del Congreso muestra una banda militar de la Infantería de Color 107 de Estados Unidos en Fort Corcoran en Arlington, Virginia.

LA BATALLA DE GETTYSBURG

Llegó el verano de 1863 y las fuerzas de ambos bandos estaban agotadas. El general Robert E. Lee quería desesperadamente ganar una batalla en suelo norteño. La noticia de que Lee estaba desplazando tropas al norte se esparció. La Unión tomó medidas para proteger la capital pero el general Lee no llevaba a sus soldados a Washington D.C. En lugar de eso, dividió las tropas y las

La batalla de Gettysburg duró tres días. Las bajas de la Unión se estimaron en 23, 000 y las confederadas en 28,000.

desplazó a la capital de Pensilvania. Sus planes eran tomar Harrisburg, la capital de Pensilvania y entonces avanzar sobre Filadelfia y Baltimore.

El 30 de junio el general de la Unión George Meade, quien había sido elegido líder de las fuerzas de la Unión el día anterior, envió un pequeño grupo de soldados de la Unión a explorar el área alrededor de Gettysburg. Los soldados de la Unión entraron en Gettysburg y descubrieron que el general Lee también tenía hombres en esa área. La caballería de Lee también avistó soldados de la Unión en una colina en las afueras del pueblo. A la mañana siguiente, el 1ro de julio, fuerzas confederadas atacaron el ejército de la Unión y dio comienzo la más sangrienta batalla de la Guerra Civil.

El general de la Unión George G. Meade

El general Meade envió más de 80,000 soldados a Gettysburg esa primera noche. El general Lee tenía 75,000 soldados. Al día siguiente éstos pelearon por las posiciones más importantes en los alrededores del pueblo. Los combates se estaban produciendo en áreas que han venido a ser conocidas como Little Round Top, Peach Orchard y Wheat Field. Al anochecer de ese segundo día, las tropas de la Unión fueron forzadas a retroceder a Cemetery Hill pero se las arreglaron para mantener a las fuerzas confederadas en jaque.

El 3 de julio el general Lee decidió hacer un ataque directo sobre las líneas de la Unión. Lee le ordenó al general George Pickett atacar la línea de combate del general Meade. Miles de soldados confederados cargaron contra los cañones de la Unión. La artillería de la Unión disparaba mientras los soldados confederados se movían hacia ella. Cuando los dos ejércitos finalmente se encontraron, los soldados lucharon cuerpo a cuerpo. Conocida como la Carga de Pickett, éste fue el último intento de las fuerzas confederadas por ganar la batalla. Al final, había 51,000 soldados muertos además de 5,000 caballos muertos y 569 toneladas de municiones esparcidas por el campo de batalla. La batalla de Gettysburg fue la batalla más larga y sangrienta jamás peleada en suelo norteamericano.

El general confederado Robert E. Lee

DAVID WILLS

Las consecuencias de la batalla de Gettysburg fueron devastadoras. El paisaje estaba salpicado por tumbas a flor de tierra. David Wills, un ciudadano de Gettysburg, pensó que debía hacerse algo especial. Le escribió al gobernador de Pensilvania solicitándole un cementerio para los soldados. El gobernador recolectó dinero para el cementerio y fue diseñado y construido cerca de Cementary Ridge, el pequeño camposanto del pueblo. Cuando el trabajo estuvo concluido, miles de soldados fueron llevados allí para ser enterrados.

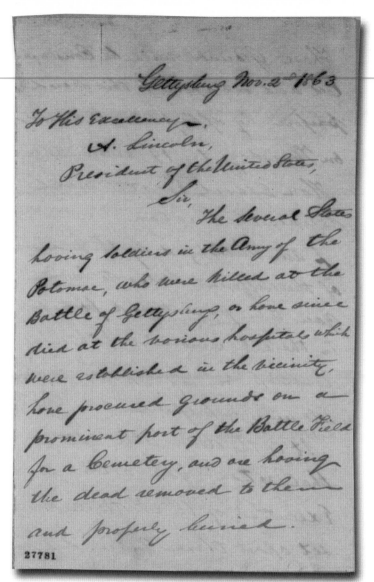

Carta de David Wills a Lincoln pidiéndole al presidente que hablara en la ceremonia de inauguración del cementerio de Gettysburg

El señor Wills también preparó una ceremonia de inauguración del cementerio. Le pidió a mucha gente importante que hablara en la inauguración. Le escribió al presidente Lincoln pidiéndole que fuera a Gettysburg.

Cuando terminó la guerra los soldados confederados fueron trasladados a sitios de enterramientos en el Sur.

El cuerpo de ambulancias de la Guerra Civil recogiendo heridos del campo

LLEGADA A GETTYSBURG

La noche antes de salir hacia Gettysburg, Lincoln empezó a trabajar en su discurso. Sabía que a Edward Everett le tocaba hablar antes que a él. Everett era un famoso orador quien a menudo hablaba por largo tiempo. El presidente decidió hacer un discurso corto.

Lincoln llegó en tren al día siguiente y fue llevado a la casa del señor Wills. Allí se encontró con el señor Everett. Ellos cenaron con otros **dignatarios**. Temprano, al día siguiente, comenzó un desfile hasta el cementerio. El presidente montó a caballo y a él se le unieron gobernadores, congresistas y generales.

El desfile terminó en el cementerio donde todos los oradores se sentaron en una plataforma en medio de lo que una vez había sido un campo de batalla. Una banda tocó y un coro cantó. El señor Everett habló durante dos horas y entonces le tocó el turno al presidente.

Edward Everett habló durante dos horas antes del discurso de Lincoln en la inauguración del cementerio de Gettysburg.

EL DISCURSO DE LINCOLN EN GETTYSBURG

El presidente se levantó de su asiento y se dirigió a las miles de personas que se encontraban paradas delante de él.

Hace ochenta y siete años nuestros padres dieron a luz, en este continente, a una nueva nación, concebida en libertad y consagrada a la idea de que todos los hombres son creados iguales.

Ahora estamos comprometidos en una gran guerra civil, para probar si esa nación o cualquier nación así concebida y así consagrada puede durar por mucho tiempo. Nos encontramos en un gran campo de batalla de esa guerra. Hemos venido a dedicar una parte de este campo como un lugar de descanso final para aquellos que dieron sus vidas para que esa nación pueda vivir. Es absolutamente apropiado y justo que hagamos esto.

Sin embargo, en un sentido más amplio, no podemos dedicar ni consagrar, no podemos santificar este suelo. Los hombres valientes, vivos y muertos que lucharon aquí, lo han consagrado, muy por encima de lo que nuestra pobre potestad pueda añadirle o quitarle. El mundo no notará apenas, ni recordará por mucho tiempo, lo que decimos hoy, pero nunca olvidará lo que ellos hicieron aquí. Es mejor que nosotros, los vivos, nos consagremos aquí a continuar el trabajo inconcluso que tan noblemente impulsaron aquellos que aquí pelearon.

El presidente Lincoln dando su famoso discurso de Gettysburg

Es mejor que nosotros estemos aquí para consagrarnos a la gran tarea que queda ante nosotros, que tomemos con incrementada devoción la causa a la que estos muertos que honramos hoy dieron el definitivo significado, que nosotros aquí hoy resolvamos con grandeza que sus muertes no han sido en vano, que esta nación, bajo la protección de Dios, volverá a nacer a la libertad, que el gobierno del pueblo, por el pueblo, para el pueblo no desaparecerá de la Tierra.

DESPUÉS DE GETTYSBURG

Mucha gente aplaudió el discurso de Lincoln en la inauguración. Edward Everett le escribió más tarde al presidente diciéndole: "Debería alegrarme, si pudiera preciarme de haberme acercado a la idea central de la ocasión en dos horas, tanto como usted lo hizo en dos minutos."

El general Lee se rinde al general Grant en el tribunal de Appomattox en Virginia el 9 de abril de 1865.

Sin embargo, algunos no aceptaron el discurso de Lincoln con tantos elogios. La crítica provino principalmente de los periódicos sureños.

Lincoln regresó a Washington D.C. y a sus deberes con la guerra en curso. Las batallas continuaron con furor hasta el 9 de abril de 1865. La guerra terminó cuando el general Lee se rindió al general Grant en el tribunal de Appomattox en Virginia.

Más de 620,000 norteamericanos murieron en combate o por enfermedades en la Guerra Civil.

Una ilustración publicada en 1865 del presidente Lincoln y los generales de la Unión William Tecumseh Sherman, Philip Henry Sheridan y Ulysses S. Grant

PARQUE MILITAR NACIONAL DE GETTYSBURG

El Parque Militar Nacional de Gettysburg fue fundado el 11 de febrero de 1895. Casi dos millones de personas visitan el parque cada año. Tiene 1,400 monumentos, marcadores y memoriales dedicados a los ejércitos que pelearon en Gettysburg. El parque además tiene un museo que muestra reliquias de la Guerra Civil.

Un monumento al general Meade en el Parque Militar Nacional de Gettysburg

Los visitantes experimentan cómo era la vida de los soldados durante la Guerra Civil. Los visitantes recorren el campo de batalla y se paran en el punto en el que el presidente Lincoln pronunció el discurso de Gettysburg.

El Cementerio Nacional de Soldados es parte del Parque Militar Nacional. Más de 7,000 soldados están enterrados en el cementerio. Más de 3,500 de los que están enterrados allí murieron en la Guerra Civil. Los monumentos y cañones a lo largo del cementerio les recuerdan a los visitantes que el cementerio fue una vez un campo de batalla.

El Memorial del discurso de Lincoln fue erigido en el sitio en el que el presidente Lincoln pronunció el Discurso de Gettysburg.

LOS DOCUMENTOS

Hay cinco copias, o borradores, del discurso de Gettysburg. Dos borradores se conservan en la Biblioteca del Congreso en Washington, D.C. El primero se cree que sea el primer borrador de Lincoln y es llamado con frecuencia la copia de Nicolay. Lincoln le dio este borrador a su secretario privado, John George Nicolay, quien lo conservó hasta su muerte y entonces fue transferido a John Hay.

La primera página de la copia de Nicolay fue escrita con tinta en papel de la Mansión Ejecutiva (La Casa Blanca). La segunda página fue escrita con lápiz en papel de hilo (foolscap). De la diferencia de papel se deduce que el presidente escribió su discurso mientras todavía estaba en Washington y lo cambió o terminó después de su llegada a Gettysburg.

Algunos estudiosos creen que la copia de Nicolay fue la que el presidente leyó en Gettysburg. Sin embargo, algunos argumentan que la copia que Lincoln leyó probablemente se perdió porque algunas palabras y frases en el borrador de Nicolay no coinciden con lo que se dijo ese día.

Una fotografía del primer borrador, o copia Nicolay, del discurso de Gettysburg.

John Hay, también secretario privado de Lincoln, recibió un segundo borrador del presidente. Al parecer, Lincoln escribió esa copia después de regresar a Washington. La familia de John Hay donó las copias de Hay y Nicolay a la Biblioteca del Congreso en 1916.

El presidente escribió las otras tres copias mucho después de su discurso del 19 de noviembre. Una copia está en la Biblioteca Histórica del Estado de Illinois. Esta fue escrita para Edward Everett, el orador que habló durante dos horas antes del discurso de Lincoln. La copia de Bancroft fue solicitada por George Bancroft y se conserva en la Universidad de Cornell. La última copia fue hecha para el coronel Alexander Bliss, hijastro de Bancroft y se coserva en la habitación Lincoln en la Casa Blanca.

John Hay y John Nicolay escribieron una biografía de Abraham Lincoln. Los primeros 10 volúmenes, titulados "Abraham Lincoln: una historia," fueron publicados en 1890.

John Hay, secretario asistente del presidente Lincoln

CONSERVANDO EL DISCURSO DE GETTYSBURG

La Biblioteca del Congreso tiene dos cajas fabricadas con una avanzada tecnología para guardar sus copias del discurso de Gettysburg. Además fue construida una bóveda especial para almacenar estas cajas.

Las cajas tienen marcos de acero inoxidable que están llenas con gas argón para reducir al mínimo la humedad. El gas elimina el oxígeno del interior de la caja, el cual puede causar deterioro en el documento. Los documentos están suspendidos, sin adhesivos, en plexiglás, material que filtra los rayos ultravioletas.

La Biblioteca del Congreso ha tomado medidas para preservar los borradores originales del discurso de Gettysburg para que estos puedan ser vistos y disfrutados por generaciones. El borrador Nicolay es el que está en exhibición en el edificio Jefferson de la Biblioteca del Congreso en Washington, D.C.

La Biblioteca del Congreso en Washington, D.C.

CRONOLOGÍA

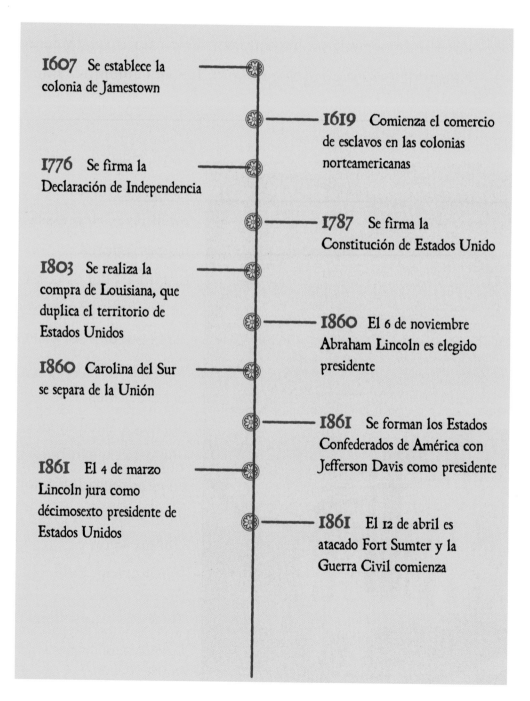

1607 Se establece la colonia de Jamestown

1619 Comienza el comercio de esclavos en las colonias norteamericanas

1776 Se firma la Declaración de Independencia

1787 Se firma la Constitución de Estados Unido

1803 Se realiza la compra de Louisiana, que duplica el territorio de Estados Unidos

1860 El 6 de noviembre Abraham Lincoln es elegido presidente

1860 Carolina del Sur se separa de la Unión

1861 Se forman los Estados Confederados de América con Jefferson Davis como presidente

1861 El 4 de marzo Lincoln jura como décimosexto presidente de Estados Unidos

1861 El 12 de abril es atacado Fort Sumter y la Guerra Civil comienza

1863 El 1 ro de enero el presidente Lincoln hace pública la versión final de su Proclama de Emancipación

1863 El 19 de noviembre el presidente Lincoln pronuncia el Discurso de Gettysburg

1895 Es fundado el Parque Militar Nacional de Gettysburg

1863 Entre el 1 ro y el 3 de julio son derrotadas las fuerzas confederadas en la batalla de Gettysburg

1865 El 9 de abril el general Lee se rinde al general Grant. Fin de la Guerra Civil

GLOSARIO

abolir — deshacerse oficialmente de algo

agricultura — cultivo

artillero — persona que dispara con armas pesadas como cañones

censo — conteo oficial de todas las personas que viven en país o distrito

dignatarios — personas importantes

emigrar — abandonar tu país para vivir en otro

orador — persona que habla en público de manera hábil y convincente

plantaciones — granjas grandes ubicadas en climas cálidos

Proclama de Emancipación —anuncio formal del presidente Lincoln que liberó a los esclavos que vivían en los Estados Confederados

secesión — acto de retirarse formalmente de un grupo u organización

LECTURAS RECOMENDADAS

King, David C. *The Battle of Gettysburg.*
Blackbirch Marketing, 2001.

Murray, Aaron R. *Civil War Battles and Leaders.*
Dorling Kindersley Publishing, 2004.

Stanchak, John. *Civil War.*
Dorling Kindersley Publishing, 2000.

Tanaka, Shelley. *A Day That Changed America: Gettysburg.*
Hyperion Press, 2003.

SITIOS EN LA RED

www.loc.gov/exhibits/gadd/
www.historyplace.com/civilwar/
www.americancivilwar.info/

ÍNDICE